I0758772

Lic. Melina N. Gancedo

Estrés Laboral

Riesgos y salud en jaque

1° edición: Abril, 2021

Melina N. Gancedo; Buenos Aires, Argentina

Todos los derechos reservados.

Queda prohibida cualquier forma de reproducción, distribución, comunicación pública y transformación de esta obra, sin la autorización escrita de los titulares del copyright.

INDICE

Sobre la autora

Introducción

El trabajo puede ser concebido como un organizador de la personalidad y de la identidad, de hecho si nos pidieran una definición de nosotros mismos, probablemente en algún punto de la descripción hablaremos de nuestra profesión, oficio o actividad laboral, para poder definirnos.

El trabajo puede ser percibido como fuente de creatividad, motivación, desarrollo y productividad, o tener el efecto contrario: ser factor de riesgo a padecer estrés (burnout), ansiedad, entre otras manifestaciones psicológicas y físicas.

Trabajar sin metas, sin objetivos, sin un para qué hace que la rutina se vuelva pesadilla.

¿Se puede elegir un trabajo en el que nos sintamos útiles, motivados y productivos?

¿Qué es lo que te motiva a levantarse cada día e iniciar una jornada laboral? ¿Sentimos que cada día cuenta? o ¿contamos los días, odiando los lunes y ansiando desesperados el fin de la semana?

Cuando el trabajo se convierte en fuente de estrés, de un estrés no saludable, las consecuencias se percibirán en diferentes áreas de la vida del trabajador: en su físico, en sus emociones, en su psiquismo, en su modo de vincularse con los otros, en su modo de auto percibirse, en su forma de trabajar, etc.

En este libro abordaremos qué es el estrés en general y en particular el estrés laboral, cuáles son sus causas y consecuencias. Veremos cómo el estrés afecta de forma distinta en diferentes sectores laborales, como la docencia, construcción e industria, policías, atención al público, freelancers, entre otros.

También hablaremos de otra fuente de estrés en el trabajo: el acoso laboral o mobbing.

Y por último, desarrollaremos cómo la psicología ayuda a gestionar el estrés laboral y otras recomendaciones para reducir o eliminar el estrés laboral.

Capítulo 1

¿Qué es el estrés laboral?

El estrés es un mecanismo normal, natural y automático de reacción de nuestro cuerpo y mente a distintas perturbaciones del medio ambiente. En sí mismo, el estrés no es algo negativo, por el contrario es una protección frente a las situaciones que percibimos como peligrosas, amenazantes.

El estrés produce un estado de tensión que produce reacciones físicas, psicológicas, emocionales, conductuales.

El problema con el estrés surge cuando deja de ser temporal y una respuesta a un hecho en particular y pasa a ser excesivo, prolongado en el tiempo.

Estas definiciones aplicadas al ámbito laboral, nos permiten comprender que el estrés laboral es la respuesta que se presenta cuando las exigencias y presiones del trabajo no coinciden con los conocimientos, habilidades o valores de las personas y esto pone en riesgo su capacidad para enfrentar esta situación.

Se manifiesta como cansancio físico y/o mental con sentimiento de negativismo o rechazo a ir a trabajar, entre otras expresiones que veremos más adelante.

Factores causantes del Estrés en el trabajo

Los estresores o factores causantes del estrés en el trabajo son aspectos que se relacionan con las condiciones de trabajo, las características del espacio físico o el trato entre el personal y directivos.

La percepción de los estresores entendidos como tales, variará en cada persona. En un mismo contexto, un trabajador puede sentirse abrumado, estresado, incluso con síntomas, por determinado factor, mientras que otro trabajador puede no tener ninguna manifestación frente a la misma situación.

Esto puede deberse a las diferentes características individuales, a tener otras habilidades psico-sociales, otros recursos, otra tolerancia a la frustración, etc. Aunque también puede deberse a un fenómeno que se da en algunos trabajadores que es la sobreadaptación a diferentes situaciones negativas del puesto o de la institución, lo cual genera la naturalización de condiciones laborales poco saludables, no justas e incluso riesgosas.

Entre los estresores laborales más frecuentes podemos encontrar:

- Baja retribución económica
- Alta sobrecarga laboral
- Jornadas laborales de muchas horas
- Conflictos o mala relación entre compañeros o con directivos
- Poca o nula comunicación entre las partes
- Poca o nula participación en las decisiones
- Ausencia de espacios de dialogo y escucha al trabajador
- Incoherencia entre las demandas de trabajo del empleador y el dinero recibido a cambio
- Inestabilidad laboral o miedo a perder el trabajo

- Ausencia de descansos durante la jornada laboral
- Monotonía en las actividades
- Mala iluminación
- Falta de ventilación
- Exposición a temperaturas extremas
- Falta de posibilidades de desarrollo profesional
- Autocritica y autoexigencias excesivas
- Falta de apoyo organizacional

Síntomas y consecuencias del estrés laboral

Los síntomas mencionados a continuación, por sí solos no indican necesariamente estrés laboral, ya que estas señales son compartidas con otras situaciones.

También es importante aclarar que estos síntomas no se consideran de forma aislada, sino varios en conjunto y sostenidos en el tiempo, para poder proceder a un diagnóstico.

El percibir varios de estos síntomas debe constituirse como disparador de consultas a profesionales, quienes acompañaran este proceso y además podrán determinar si la sintomatología condice con estrés laboral u otra problemática de salud.

Dentro de los síntomas físicos, podemos resaltar: problemas gastrointestinales, cardiovasculares, respiratorios, dermatológicos, trastorno del sueño, trastornos de la alimentación, dolores musculares, cefaleas, pérdida de cabello, alteración de los sistemas endocrino e inmunológico, taquicardia, sensación de ahogo.

Con respecto a síntomas psicológicos: ansiedad, irritabilidad, impulsividad, sensación de agotamiento mental, depresión, abuso de sustancias, aislamiento social.

Por otro lado, también se podrán observar síntomas cognitivos, como alteración de la memoria, la atención y la concentración.

Capítulo 2

Estrés en la escuela: el caso de los docentes

El estrés laboral en los trabajadores docentes se caracteriza por la sobrecarga de actividades, baja retribución económica, desautorización de parte de otros adultos como padres de alumnos o directivos, presencia de violencia en las escuelas, clima caótico en las aulas, mala conducta de alumnos, falta de recursos.

Además, los docentes también se ven atravesados por problemas que van más allá del proceso de enseñanza-aprendizaje, como por ejemplo, intervenir en problemas como bullying, violencia intrafamiliar y otras problemáticas psico-sociales.

La salud en el área de la salud mental: Psicólogos, psiquiatras

Los principales factores causantes de estrés laboral en profesionales de la salud mental refieren a la toma de decisiones terapéuticas, la relación terapeuta-paciente y al ámbito donde se ejerce la profesión.

La labor se puede llevar adelante de forma particular, en consultorio privado o dentro de organizaciones.

En el primer caso, la principal causa de estrés laboral remite a la inestabilidad laboral, lo cual genera incertidumbre, inseguridad, miedo, malestar y preocupaciones económicas.

En el caso del trabajo en organizaciones, éste se puede desarrollar mediante un contrato, bajo relación de dependencia, o en el peor de los casos, sin contrato, como prestadores de servicios, lo cual deja al trabajador sin los beneficios propios de un profesional contratado.

En términos generales, e independientemente del ámbito donde se trabaje, se perciben como aspectos generadores de estrés: la exposición a situaciones de violencia, el hecho de lidiar constantemente con el sufrimiento ajeno, trabajar con pacientes con riesgo suicida, falta de compromiso de los pacientes con el espacio terapéutico, lo cual se puede ver reflejado en llegadas tarde o inasistencias recurrentes, que dificultan el proceso terapéutico.

Por último, también es de resaltar, el desarrollo de estrés por bajo salario, pedidos de informes o demandas en horarios y días no laborales, escasa posibilidad de crecimiento profesional dentro de la organización y escasa participación en las decisiones institucionales.

Desgaste hospitalario: personal de salud de hospitales

Las condiciones desfavorables que los trabajadores de la salud en hospitales perciben como factores causantes de estrés laboral refieren a: bajo salario, contratos temporarios, sobrecarga de actividades por falta de personal que permita cubrir las necesidades de cada turno y falta de recursos como materiales y equipo para brinda una mejor atención a los pacientes.

Por otro lado, también debemos considerar como estresores a las demandas y exigencias excesivas por parte de pacientes, familias de pacientes y directivos, el sobreesfuerzo físico, el trabajo prolongado de pie y la falta de ventilación y una mala iluminación.

Estrés en el ámbito doméstico: personal doméstico y cuidadores domiciliarios

Dentro del área laboral del personal doméstico, se pueden establecer como causas del estrés laboral: jornadas de trabajo de más de 8 horas, sueldos por debajo del correspondiente, trabajos sin contrato, sin aportes jubilatorios, ni obra social; atribución de tareas que no corresponden a la función específica y que además no están remuneradas, como por ejemplo, pedir o imponer a cuidadores domiciliarios que además se encarguen de la limpieza, o al revés.

Por otro lado, el personal doméstico está expuesto a daños en la espalda y cervicales y dolores musculares por el sobreesfuerzo físico.

Estrés en el área de la seguridad: los policías

Son factores causantes de estrés laboral en esta profesión:

Exceso de trabajo, falta de seguridad, estado de alerta constante, exposición a situaciones conflictivas, violentas, imprevistas y traumáticas, con riesgo de muerte no sólo la propia sino de los ciudadanos.

Además, la mayoría de los trabajadores percibe que reciben un bajo salario, sostiene turnos rotativos que les generan un desgaste general y realizan sobreesfuerzos que les traen aparejados problemas físicos a corto plazo.

Estrés en trabajadores de la construcción y la industria

Trabajar en la construcción o en industrias no es para cualquiera.

Se requiere de personas "valientes, que asuman riesgos", sin embargo este hecho no siempre es tal como parece, ya que hay una delgada línea entre asumir riesgos y directamente desconocerlos o tener una baja percepción de los mismos.

El hecho de estar expuestos a riesgos es un gran factor causante de estrés.

Sin embargo existe un mecanismo inconsciente, de defensa contra la percepción de los riesgos, que se produce en algunos trabajadores que naturalizan las condiciones laborales y las incumbencias de su rol, siendo funcionales, sin quererlo, a las extremas exigencias de los grandes empresarios o directivos que ejercen presión en función de cumplir plazos de entrega o para no perder dinero.

A cualquier costo.

Pero más allá de cualquier mecanismo psíquico individual, si en el ámbito de trabajo hay un "accidente" ocasionado por la falta de seguridad o por las malas condiciones laborales, presiones o violencia institucional, la responsabilidad es absolutamente de los directivos de estas organizaciones que priorizan sus intereses antes que brindarles condiciones seguras y dignas de trabajo a sus empleados.

Por lo tanto, aunque en algunos trabajadores se produzca este mecanismo de defensa que les permite realizar acciones riesgosas para cumplir con los supuestos requerimientos de su función, sin poder percibir los riesgos con los que lidia a diario, la responsabilidad de los accidentes por malas condiciones de trabajo es pura y exclusivamente de quien dirige la empresa, fábrica u obra en construcción.

Si éstos se encargaran de propiciar las condiciones justas para un buen desempeño laboral y no pondrían en riesgo a sus trabajadores, no habría "accidentes" de trabajo.

Dicen que si se puede evitar no es un accidente, y claramente, mejorando las características del espacio físico de trabajo, preocupándose por la seguridad, brindando un trato justo a los trabajadores, reduciendo las jornadas laborales de muchas horas, entre otras medidas, se podrían prevenir estos "accidentes".

Si bien popularmente, conceptualizamos estas situaciones como accidentes laborales, debemos tener en cuenta que al utilizar esta palabra podríamos terminar invisibilizando las verdaderas causas de los "accidentes", al punto de pensar que fue una casualidad, o en el peor de los casos, que fue por culpa del trabajador que realizó conductas riesgosas.

Además del riesgo a padecer "accidentes", los trabajadores de la construcción y la industria, se encuentra expuestos a temperaturas extremas, (estrés térmico) lo cual conjuntamente a ser un factor causante de estrés, constituye un factor de riesgo para la seguridad y la salud.

Por último, este tipo de trabajo, también cuenta como causantes de estrés laboral el riesgo a padecer enfermedades, lesiones, discapacidades y hasta incluso la muerte, debido a malas condiciones de trabajo.

Estrés laboral en freelancers

El concepto de ser el propio jefe, manejar los horarios, y de cierta manera trabajar dónde, cuándo y cómo se quiera, suena tentador.

Sin embargo, en este ideal puede radicar una fuente de estrés en lo que refiere al manejo del tiempo y la dificultad para equilibrar la vida laboral y la vida personal.

En este sentido, podemos hablar de dos posturas extremas frente al trabajo freelancers:
Postergar actividades laborales y responsabilidades, poca productividad, incumplimiento de plazos de entrega, lo cual puede llevar a pérdidas de trabajo o a realizar las obligaciones en tiempo record bajo presión, a último momento y con alta carga de estrés.

En el sector opuesto, el exceso de trabajo. Al no seguir el ritmo de una jornada laboral "normal", por ejemplo, horario de oficina, se puede llegar a producir un exceso de carga laboral, empezar antes, terminar después, trabajar fines de semana, sin permitirse descansos.

La ventaja de la flexibilidad horaria y geográfica, puede volverse perjudicial porque el manejo del tiempo exige aprendizaje, autoconocimiento para establecer cuándo se es más productivo, cuándo se necesita descansar: y, también requiere de organización y planificación realista.

Además, este tipo de trabajo puede generar estrés por la falta de un salario fijo y de los beneficios de trabajadores tradicionales, incertidumbre, preocupaciones económicas, presión por parte de los clientes.

Estrés en trabajadores de Atención al Público o al Cliente

Los factores estresantes en este tipo de trabajadores refieren, por un lado a que están expuestos a quejas, reclamos, expresados en gran parte de los casos de forma violenta, con insultos o amenazas.

También, pueden experimentar presión en los casos que deben conseguir ventas; realizan trabajos que pueden percibirlos como monótonos.

Otros factores de estrés remiten a un bajo salario, cansancio físico y metal, jornadas laborales largas, ambiente con muchos ruido y deficientes iluminación y ventilación.

También causa estrés el hecho de verse obligados a sostener el respeto, la escucha activa, la empatía y la amabilidad frente a una conversación conflictiva o con tintes agresivos.

Mobbing o acoso laboral, otra fuente de estrés en el trabajo

El mobbing o acoso laboral es un tipo de maltrato que se produce de forma explícita y muy visible o de forma más sutil, a lo largo del tiempo.

Si bien el mobbing es relativo al contexto laboral, no se reduce a violencias sólo producidas dentro del contexto laboral. Puede extenderse y continuar por fuera de la jornada laboral, por ejemplo a través de redes sociales.

El mobbing tiene diferentes caras. Puede incluir violencia física, verbal, insultos, burlas, chistes de mal gusto que dañan a quien padece este maltrato.

También se puede dar a través de objetos pertenecientes a la persona que se encuentra en posición de víctima, al romper o esconder sus pertenencias personales o con objetos que cumplen rol importante en la actividad laboral con el fin de perjudicarlo laboralmente y generarle molestias y daño.

Otras formas de mobbing son el acoso sexual o el ciberacoso. Este último se puede desarrollar a través de mensajes directos a quien lo está padeciendo, mensajes que incluyan amenazas, burlas, insultos, o también de forma pública a través de redes sociales con el fin de lograr la humillación pública.

Otra posible cara del mobbing remite al aspecto social, buscando aislar a la persona, ignorarla, serle dañinamente indiferente, intentando sumar cómplices y que finalmente quede solo.

No es fácil reconocerse víctima de acoso laboral o mobbing, pero al hacerlo es muy importante tomar diferentes acciones, que dependerán de cada persona.

Una primera acción es buscar ayuda, fortalecerse, expresar lo que está sucediendo y hacerlo dentro y fuera de la institución, a compañeros, directivos, amigos, familiares o profesionales. Esta acción resultará sanadora pero no es sencilla. Muchas veces el acosador se dirige a la víctima buscando provocarle miedo, y esto puede llegar a paralizar, generando un sentimiento de indefensión, angustia, estrés, pánico. También, será difícil si la victima tiene sentimientos de inferioridad o de culpa, que pueden generarle confusión acerca de quién es el verdadero responsable de esta situación.

Una vez reconocida la situación de maltrato, y la decisión de tomar acción, ésta puede variar desde poner límites, aprender nuevas formas de respuesta, actuar con asertividad, gestionar las emociones de forma diferente, controlar los impulsos para saber reconocer provocaciones y evitar responderlas de forma agresiva para no quedar expuesto, que también es otra de las metas del acosador, que el otro quede como el loco, el conflictivo, el problemático.

Frente a una situación de conflicto interpersonal, en cualquier ámbito podemos encontrar dos posturas extremas: el silencio sumiso, la represión de respuestas, de límites, angustia. Y por otro lado, la explosión, la ira, gritos.

Adoptar nuevas habilidades psico-sociales permitirá no escoger ninguno de estos extremos, sino un punto medio, en donde prime el respeto hacia uno mismo y a los otros, aceptar y pedir ayuda sin sentirse inferior o débil y fortalecer la autoestima deteriorada por el maltrato recibido.

Y por último, a los espectadores del Mobbing, les tocará dejar esa posición pasiva de "mejor no meterse" y más que nada, no apoyar al violento, no ser cómplices, no reírse de las burlas que duelen para contribuir a detener el maltrato laboral a tiempo.

Capítulo 3

Recomendaciones para reducir o eliminar el estrés laboral.

¿Cómo la Psicología puede ayudar a gestionar el estrés laboral?

La psicología nos permite el reconocimiento o el aumento de la conciencia sobre una situación o problemática, a la vez que ayuda a fortalecer la autoestima, a desarrollar nuevas habilidades psico-sociales, a implementar cambios en el estilo de vida; a resignificar la forma en la que nos percibimos o interpretamos la realidad que nos rodea.

El psicólogo puede trabajar de forma particular con quien consulte sobre su padecer, y también podrá trabajar dentro de las instituciones, generando programas de afrontamiento y prevención del estrés laboral.

Con la psicología se podrá:

Analizar la relación que se tiene con el trabajo, visibilizar estresores, hasta el momento no cuestionados y tomados como normales, propios del puesto de trabajo o de la institución en la que se trabaja.

Priorizar lo importante. Decir no, según lo que se quiere y lo que no se quiere.

Evaluarse y abrir interrogantes.
¿Cómo soy?; ¿Cómo estoy?; ¿Qué me hace bien?; ¿Dónde estoy?; ¿Quiero estar aquí?;
¿A dónde quiero llegar?; ¿Qué me inquieta?; ¿Qué me duele?; ¿Qué me enoja?; ¿Qué me asusta?

De esta manera podremos evaluar intereses, deseos, debilidades, limitaciones, habilidades.

También podremos iniciar la búsqueda de equilibrio, de una mayor estabilidad posible..

Elaborar nuevos proyectos, personales, recreativos, sociales, incorporar conductas de autocuidado, como las que veremos más adelante: alimentación saludable, hidratación suficiente, actividad física, socialización, descanso, recreación.

Tomar acción: decidir respecto a cómo accionar frente a los estresores y tomar decisiones para afrontar y reducir el estrés.

Esas decisiones se vinculan con el hecho de que hay cuestiones modificables y otras no.
Sobre lo modificable tenemos en nuestras manos la decisión de hacer frente a ello para mejorar la calidad y las condiciones de trabajo.

Respecto a lo que no se puede modificar, podremos decidir si aceptarlo como tal y buscar las maneras de afrontarlo de forma saludable o continuar bajo esa percepción victimista, desde un lugar de no elección y sumisión. O, por el contrario, si es posible, tomar la decisión de correrse de esa situación, elegir dejar de lidiar con esos factores estresores tan arraigados al tipo de trabajo o a la institución u organización.

Si lo que se decide es cambiar de puesto o de trabajo, es una decisión totalmente válida, que nos remite a resignificar lo realizado y aceptado hasta el momento y posicionarnos en una postura de no permitir más aquello que nos daña y es realmente inmodificable.

Resignar una carrera en determinado lugar, si las condiciones no son las adecuadas, puede resultar la mejor opción en muchas situaciones en las se considere que se merece o necesita otro tipo de trabajo, con mejores condiciones, salario o tratos.

Retirarse a tiempo, poder decir "basta" o "no", son factores de prevención del estrés laboral.

Sin embargo, no es fácil renunciar, dar un paso al costado en el lugar que probablemente represente hasta el momento la única fuente de ingresos. Por lo tanto, este proceso podría llevarse a cabo de forma gradual.

Primero, identificando cómo es la relación con el trabajo, reconocer cuáles son las ventajas y desventajas de trabajar bajo estas condiciones.

Tomar conciencia de los beneficios y perjuicios que este puesto de trabajo genera.

Reconocer propias fortalezas y debilidades y trabajar terapéuticamente sobre ellas para reducir o mejorar los aspectos débiles y aumentar las fortalezas.

Animarse a pensarse en otros ámbitos, revalorizarse, mejorar la autoestima y buscar alternativas laborales, para que, cuando se considere el momento más adecuado, tomar la decisión de retirarse de forma inteligente y conciente de ese puesto o lugar de trabajo que lejos de convertirse en fuente de productividad, crecimiento o logros, ha constituido un factor de riesgo, de estrés, de enfermedad, de frustración o de dolor.

La técnica del Mindfulness

Mindfulness no es una religión, no es una creencia, no es algo esotérico o sobrenatural, no es algo místico, ni es un remedio mágico e infalible.

Es una herramienta que ayuda a reducir el estrés y la ansiedad, permitiendo modificar prioridades, evaluar preocupaciones, observar cuestiones a modificar y así tomar las riendas del protagonismo en la propia vida, para poner foco en obtener una mejor calidad de vida.

Mindfulness se define como atención plena, vivir el aquí y ahora, estar presentes en cada situación que transitemos.

Prestarse atención a veces resulta molesto, tomar las riendas y observarnos para actuar diferente nos saca de nuestra zona de confort.

Hacerse protagonista responsable de lo que sentimos, pensamos, decimos o hacemos, no siempre parece tentador; muchas veces elegimos mirar para otro lado, hacer como si nada, como si así resolviéramos algo. Lo único que conseguiremos es postergar una respuesta, una decisión, un cambio necesario.

Cambiar no es fácil, reconocer errores tampoco, pero cuando ser y vivir a conciencia se convierten en una forma de habitar este mundo, aceptar los errores y sacar aprendizajes de ellos se vuelve una práctica enriquecedora. Y de ahí, los cambios internos y externos positivos, están a un paso.

Vivir a conciencia, con propósito y coherencia.

¿Qué es vivir a conciencia? Escucharnos y observarnos a nosotros mismos, escuchar los pensamientos, las sensaciones, el cuerpo, los miedos, las emociones, las preocupaciones, los deseos, los proyectos, las motivaciones, las frustraciones, etc.

¿Qué es vivir con propósito? Encontrar/crear propósito significa que cada día cuente, valga la "pena", levantarse con ánimo, energía, motivación, con un propósito por delante.

¿Qué es vivir con coherencia? Implica que haya una relación de coherencia entre lo que pensamos, sentimos, decimos, queremos hacer, hacemos.

Elegir vivir de esta manera aumenta la autoconfianza, sentirse capaz de proponerse objetivos y tomar acción para lograrlos, prestando especial atención a qué se desea hacer, qué se puede hacer, qué se necesita hacer.

Por otro lado, también nos permite salir de la zona de confort, una zona de incómoda comodidad, que obstaculiza, detiene o enlentece todo crecimiento, para dar lugar a la toma de decisiones a conciencia, a la libre elección responsable, con una mayor claridad.

Mientras trabajamos, en función de cumplir con ciertos horarios o proyectos a terminar: ¿Qué priorizamos? ¿Terminar a tiempo y cumplir objetivos, en detrimento de nuestra alimentación, hidratación y bienestar físico y mental?
¿El trabajo se lleva por delante lo que somos y necesitamos, y volvemos a "ser personas" al terminar la jornada laboral?

Empezar a interrogarse permitirá emprender conductas de autocuidado, incorporadas a conciencia reconociendo su necesidad y sostenidas en el tiempo, y de esta forma mejorar la calidad de vida.

Es muy importante también construir una percepción del tiempo pasado y del futuro no sobredimensionada.

Observar el pasado enfocándose en lo positivo de obtener un aprendizaje de él.
Tu pasado, puede convertirse en tu manual.
Podemos recuperar el pasado para evitar repetir errores y mejorar, no para castigarse por lo que se hizo o no se hizo.

El hincapié en el pasado no implica anclarse en él, aferrarse, estancarse. Al contrario, debe aportarnos información para no repetir errores ya cometidos, patrones de comportamientos viejos que nos han arrojado consecuencias negativas.

"¿Otra vez lo mismo?"

A mismas emociones, pensamientos y situaciones, podemos plantearnos: ¿Cómo actuar de forma diferente para no lamentar mismos resultados?; ¿Qué podemos implementar para no repetir?

En definitiva, debemos usar la información del pasado para posicionarnos mejor en el presente y en el futuro.

Con respecto a este último, observar e imaginar un futuro y proyectar nos implica pensarnos vivos, avanzando, creciendo.

Es importante no ver al futuro desde la ansiedad que provoca la incertidumbre de no saber qué es lo que vendrá, y la tentación de observar con temor, pánico, o pensando (y creyéndose) el peor escenario.

La incertidumbre es parte de nuestras vidas, y aprender a convivir con ella es una buena elección. La incertidumbre suele generar preocupación o ansiedad, una sensación de pérdida de control, al no saber qué pasará, cómo pasará o, incluso, si pasará o no lo pensado.

Aprender a convivir con la incertidumbre, entendiendo que es algo que no podemos manejar, ni controlar, promueve una mayor capacidad de espera y tolerancia a la frustración y mejor manejo de la ansiedad.

Cuestionario sobre nuestra relación con el trabajo

1- ¿Tenemos un vaso de agua a mano para hidratarnos a la par que trabajamos?

¿O reconocemos un alto monto de sed recién al terminar la labor?

2- ¿Cómo comemos durante el horario laboral?

¿Nos damos un tiempo prudente?

3- ¿Prestamos atención a lo que comemos? ¿Sabemos qué es lo que estamos ingiriendo, o compramos lo primero que vemos, sin ser conscientes del "alimento" que nos llevaremos a nuestro cuerpo, a las corridas, para volver veloz al puesto de trabajo?

4- ¿Realmente tomamos el momento de comer como una pausa en el trabajo? ¿O seguimos trabajando mientras comemos?

5- ¿Comemos parados? o lo que es peor, ¿caminando?

6- ¿Nos detenemos un rato a estirar el cuerpo, a dar una vuelta, a tomar aire puro? ¿O nos pasamos 8 horas o más, encerrados en una misma sala, sin luz natural, sin ventilación, sobreadaptados a esa condición?

7- ¿El trabajo se ha convertido en sinónimo de sacrificio, de exceso, de desmotivación, de enfermedades?

8- ¿Me siento maltratada/o, humillada/o por algún o algunos compañeros de trabajo o directivos?

9- ¿Tengo buena relación con mis compañeros de trabajo o me ignoran o aíslan?

10- ¿Tengo miedo de perder mi trabajo?

11- ¿Las tareas que debo desarrollar en mi jornada laboral están claramente definidas y estipuladas, o son ambiguas? ¿Me exigen más de lo que debería realizar?

12- ¿Trabajo más de 8 horas diarias?

13- ¿Tengo descansos en mi jornada laboral?

14- ¿Existe adecuada comunicación entre los diferentes actores en mi trabajo, o circula escasa o nula comunicación?

15- ¿Existen espacios de dialogo y escucha para los trabajadores? ¿Me siento escuchada/o, tenido en cuenta?

16- ¿Percibo incoherencia entre mi trabajo y la remuneración recibida a cambio?

Estos son algunos interrogantes que podemos hacernos para tomar conciencia de la relación que hemos establecido con el trabajo y prestar atención a otras conductas que podemos/deberíamos incorporar en el contexto laboral.

Meditación

La meditación es una práctica compuesta por diferentes técnicas que permiten un estado de conciencia caracterizado por un aumento en la atención. De esta manera, por ejemplo, meditar ayuda a entender mejor una situación, relajarse, reflexionar, aquietar la mente, decidir con mayor claridad, reducir el estrés y la ansiedad.

Se denomina *Neurociencia Contemplativa* a la disciplina científica que nos aporta información a través de instrumentos como electroencefalograma y resonancias.

Nos informa respecto a los beneficios y efectos positivos de la meditación, tanto en la estructura como en la función del cerebro y del sistema nervioso.

Por su parte, Herbert Benson, médico y fundador del Instituto Mente-Cuerpo en Harvard, sostiene que la meditación produce cambios a nivel químico y físico, generando una "respuesta de relajación", que involucra cambios en el ritmo cardíaco, el metabolismo, la frecuencia respiratoria.

Investigaciones refieren que a través de la meditación podemos lograr una mejor gestión de los impulsos y de las emociones, evitando así un actuar compulsivo e impulsivo.

Permite tomar decisiones con mayor claridad y además, la meditación acrecienta la atención, la concentración, la memoria y la capacidad para razonar.

La meditación ayuda a ampliar la atención sobre sí mismo y el contexto que lo rodea. Promueve la conciencia sobre el propio cuerpo y la mente, entendidos como un todo y contribuye a aquietar a esta última reduciendo el estrés y la ansiedad, además que produce mejoras en el descanso.

En definitiva, los estudios científicos sostienen que la práctica de la meditación mejora la calidad de vida.

Respiración profunda consciente

Respirar es una función necesaria en la que parecería que no tenemos intervención, ya que funciona de forma automática, sin embargo la actividad respiratoria debe ser replanteada.

Cuando respiramos sin prestar atención, (la mayor parte del tiempo), la respiración puede ser agitada, rápida, (así nomás) y hasta la cantidad de oxígeno que ingresa puede ser cada vez menor.

Rara vez nos detenemos a tomar conciencia de ello. Y la respiración es mucho más que una función que nos mantiene mecánicamente vivos.

Por eso, dedicar al menos breves momentos al día para realizar respiraciones profundas conscientes es más que suficiente para re-aprender a utilizar los beneficios de la respiración.

La respiración profunda consciente es un instrumento de relajación, nos ayuda a bajar cambios, a calmarnos, reduciendo el estrés y la ansiedad. Incluso también nos permite aquietar la mente para proceder de una forma más racional y no impulsivamente. Mejora la concentración, la atención plena y hasta puede traer cambios positivos para abordar el insomnio.

Mediante la respiración profunda consciente podemos analizar más claramente nuestras inquietudes y preocupaciones y tomar decisiones con conciencia y mayor tranquilidad.

Retomando el concepto de respuesta de relajación, además de la meditación, la respiración profunda es una de las técnicas con las que se puede alcanzar.

Al respecto, la Facultad de Medicina de Harvard nos indica que:

"La respiración profunda también se conoce con el nombre de respiración diafragmática, respiración abdominal, y respiración acelerada. Cuando respiras profundamente, el aire que entra por la nariz llena completamente los pulmones y la parte inferior del abdomen se eleva.

Para muchos de nosotros, la respiración profunda parece antinatural. Hay varias razones para esto. Por un lado, la imagen corporal tiene un impacto negativo en la respiración en nuestra cultura. Un estómago plano se considera atractivo, por lo que las mujeres (y los hombres) tienden a retener los músculos del estómago. Esto interfiere con la respiración profunda y gradualmente hace que la "respiración torácica" superficial parezca normal, lo que aumenta la tensión y la ansiedad.

La respiración superficial limita el rango de movimiento del diafragma. La parte más baja de los pulmones no recibe una porción completa de aire oxigenado. Eso puede hacerte sentir sin aliento y ansioso.

La respiración abdominal profunda fomenta el intercambio completo de oxígeno, es decir, el intercambio beneficioso del oxígeno entrante por el dióxido de carbono saliente. No es sorprendente que pueda ralentizar los latidos del corazón y disminuir o estabilizar la presión arterial"[1]

---

[1] https://www.health.harvard.edu/mind-and-mood/relaxation-techniques-breath-control-helps-quell-errant-stress-response

Recreación

Una recreación con salud es aquella que remite a un manejo saludable del tiempo libre, de los tiempos de ocio.

Se trata de cualquier actividad que nos represente un disfrute, una diversión, un entretenimiento.

Variará en cada persona según sus gustos, intereses o necesidades. Leer, escribir, hacer ejercicio, hablar con alguien, ver una serie o película, jugar, cantar, bailar.

Estas actividades serán con presencia siempre y cuando la persona logre realmente recrearse, y no esté pensando en obligaciones o preocupaciones.

Creatividad

La creatividad es una habilidad que nos permite crear algo nuevo. Es una capacidad con la que podemos generar nuevas respuestas (ideas, actividades, objetos) en un contexto en constante cambio.

Está asociada a la innovación y al progreso, a la creación de nuevas alternativas para enfrentar nuevas necesidades.

Dibujos, escritos o manualidades que nos carguen de motivación y pongan a trabajar a la imaginación.

En este contexto entendemos a la creatividad como parte de la recreación, lo cual implica que a través de un buen uso del tiempo libre podemos lograr recargar pilas y energías necesarias para realizar luego nuevas actividades y responsabilidades.

Descanso

Cuando hablamos de descanso, físico y mental nos referimos a un verdadero descanso. Que descansar signifique descansar y que no se confunda con realizar en simultáneo otra actividad en la que ni el cuerpo ni la cabeza se detengan.

Necesitamos espacios para recuperarnos, "recargar pilas", reponer energías.

Cada uno encontrará diferentes formas de darle descanso a su cuerpo-mente. Puede ser al dormir por la noche las horas necesarias, sentándose o caminando al aire libre intentando no pensar en preocupaciones, leer, jugar, incluso hasta ver series, siempre y cuando los estímulos recibidos produzcan bienestar y disfrute, y sean algo que de alguna manera nutra en función de lo que se esté necesitando y que aporte a un verdadero descanso consciente.

Cada actividad será elegida a conciencia plena, con lo que cada uno, en ese momento especifico, decida que será la mejor forma de darle bienestar a su organismo.

Cuando permitimos que nuestra mente se aquiete, conseguimos relajarnos, identificar y expresar emociones, interactuar socialmente con mejor predisposición y asertividad.

Además, se produce un aumento en las capacidades de concentración, atención y memoria, mejora la motivación y la productividad, disminuye o elimina la sensación de cansancio mental y estrés y mejora el humor.

Por su parte, el cuerpo recibe beneficios en diferentes niveles como: respiración, sistema circulatorio, sistema inmune, control del peso, etc.

Socialización

Socializar es una actividad sumamente positiva para nuestra salud física y mental, por ello en este punto también pensamos en prestar atención a nuestra forma de vincularnos con los demás, para que realmente sea beneficioso.

El intercambio social con otros también merece hacerse con conciencia plena, para poder identificar si se trata de relaciones sanas, constructivas, enriquecedoras, o todo lo contrario.

Todo lo contrario es: relaciones de las denominadas *tóxicas*, relaciones violentas, vínculos de posesión, aparición de celos enfermizos, y lazos sociales caracterizados por dependencia emocional.

Vivimos en sociedad, y en esta red social todos tenemos algún punto de dependencia con los demás, hablamos de una dependencia necesaria que no reviste carácter de conflictivo, parte de la convivencia en sociedad.

Cuidar los espacios individuales y compartir a conciencia, es importantísimo para no depender de otros, de forma conflictiva.

Alimentación saludable

Nos vamos acostumbrando a comer cada vez más rápido, con menos conciencia, lo que venga, donde sea, parados, caminando, a las apuradas, algo así nomás, "debo trabajar, no puedo parar".

Nos olvidamos de pensar en sabores, en nutrientes, devoramos lo que se nos pone en frente, y en algunos casos devorar es lo mejor que puede suceder frente a no comer nada. Comemos hasta "reventar".

En contados casos masticamos pacientemente, descuidando así el hecho de que la masticación conforma la primera instancia de la digestión, de hecho forma parte de lo que se denomina digestión mecánica.

Y si logramos encontrar ese momentito para comer, por lo general viene acompañado de una conducta automática. El acto de alimentarse queda reducido al momento de introducir comida por la boca y nada más.

Distraerse con algo para aprovechar el tiempo (redes sociales, series, noticias, etc.) suele ser la mejor alternativa.

De nuevo nos olvidamos de reparar en el acto de la alimentación, que pasa casi desapercibido, deja de ser un momento importante, para valorar, para prestarle atención. En este punto debemos preguntarnos si esa conducta complementaria nos nutre también, es decir, si logramos un equilibrio entre nutrirnos con alimentos y con los estímulos que elegimos recibir mientras tanto. La consigna es clara, hagamos cosas que nos hagan bien (variará en cada persona).

De esta manera, el hecho de dedicar un tiempo a comer, no representa ningún acto de detenerse. La velocidad, la vorágine de la jornada y el enganche con otras actividades continúan como principales acompañantes; si es que no toman el lugar de protagonista de ese momento.

El acto de alimentarse con intención, de estar atentos a ello, se denomina Alimentación Consciente (Mindful Eating), deriva del Mindfulness y nos convoca a alimentarnos tomando conciencia. Alimentación consciente implica saber qué, cómo y dónde comemos y decidirlo conscientemente, escuchando a nuestro cuerpo (cuánto y hasta dónde comer) cuando tenemos hambre y no comer como recurso para evadir una emoción, nervios o ansiedad (conocido popularmente como "angustia oral").

No estamos diciendo que es incompatible alimentación y digestión adecuadas con hacer otra actividad a la par, solo sugerimos volver al simple acto de alimentarse, como acto en sí mismo y no como excusa para frenar supuestamente, pero seguir a mil.

Como toda acción sostenida en el tiempo se constituye en hábito, no está de más implementar esta nueva forma de conectarse con la alimentación, des-aprender los hábitos poco saludables y re-aprender a alimentarnos.

Hidratación suficiente

Siguiendo las pautas de la alimentación consciente, podemos extrapolar estas recomendaciones a la hidratación de nuestro organismo, ya que éste está compuesto en un gran porcentaje de agua y ésta se va perdiendo en las diferentes actividades que realizamos a lo largo del día.

Podemos preguntarnos si solemos ocuparnos en mantener un cuerpo hidratado o sólo bebemos agua cuando la sed desespera.

Por otro lado, debemos tomar conciencia acerca de qué líquidos incorporamos. Estar hidratados no es sinónimo de tomar cualquier cosa, de hecho hay bebidas que lejos de hidratar y calmar la sed, la potencian además de ser nada saludables, como por ejemplo las gaseosas.

Las consecuencias de no estar debidamente hidratados pueden llegar a ser preocupantes, iniciando con síntomas no graves como sed, cansancio, dificultad para concentrarse, complicaciones en el aparato digestivo, dolores de cabeza, mareos, hasta alcanzar situaciones que revisten mayor gravedad como alteraciones en el ritmo cardíaco y respiratorio y desorientación y confusión mental.

Actividad física

Pensamos en cuerpo-mente como un todo, por lo cual los beneficios de realizar actividad física se verán tanto a nivel físico como mental.

La Organización Mundial de la Salud define a la actividad física como "cualquier movimiento corporal producido por los músculos esqueléticos que exija gasto de energía" Además considera que la ausencia de actividad física representa uno de los factores de riesgo de mortalidad a nivel mundial y de contraer enfermedades como cánceres, diabetes y problemas cardíacos.

Por otro lado, resalta los importantes beneficios que arroja realizar actividad física con regularidad:

1) "Reduce el riesgo de hipertensión, cardiopatía coronaria, accidente

cerebrovascular, diabetes, cáncer de mama y de colon, depresión y caídas;

2) Mejora la salud ósea y funcional;

3) Es un determinante clave del gasto energético, y es por tanto fundamental para el equilibrio calórico y el control del peso"[2]

Hay muchas maneras de realizar actividad física. Para que se constituya como un hábito sostenido en el tiempo es aconsejable que cada uno elija la actividad según sus intereses, deseos, motivación, resistencia, fortalezas y debilidades y no adoptar una actividad que esté de moda, solo por el hecho de ser parte, porque tarde o temprano la actividad elegida no se podrá sostener.

Debe ser una actividad que guste, anime, motive, que se tengan ganas de llevarla a cabo. Para ello,

[2] https://www.who.int/dietphysicalactivity/pa/es/

una vez más se hace fundamental observarse, para no obligarse a realizar una actividad que se ha convertido en una fuente de sufrimiento o aburrimiento.

Pensar a la actividad física como creación implica percibirla como una herramienta que ayuda a que la mente se descargue y de lugar a nuevos pensamientos, ideas, proyectos… El cuerpo crea al hacer gimnasia porque es capaz de producir cambios y fortalecerse, además de prevenir complicaciones de salud.

Lo físico y lo mental unidos, recibiendo los beneficios del ejercicio en igual proporción.

Estirar el cuerpo

Ya sea antes o después de una actividad física, o sin actividad mediante, estirar el cuerpo nos vuelve a reconectar con nuestro organismo.

Además de calmar dolores, mejorar la elasticidad (estiramiento de músculos, ligamentos y tendones) y la flexibilidad (estiramiento de articulaciones), es un factor que aporta a nuestra relajación, a mejorar la postura corporal y a sentirnos (y sentarnos) mejor, por ejemplo durante o al terminar la jornada y al despertarnos.

Por eso es importante darse momentos para "escanear" el cuerpo, observar la postura, reconocer contracturas y dolores y activar el cuerpo, con el simple hecho de estirar.

Organización

Con la organización es más fácil equilibrar la vida laboral y la vida personal, para evitar la sobrecarga laboral y el estrés que va alterando las diferentes áreas de la vida de la persona.

Ejemplos de la organización podrían ser: utilizar agenda o escribir las tareas pendientes, para poder visibilizarlas y ordenarlas en papel, lo cual permite tener un panorama más concreto, a diferencia de sólo tener ideas sueltas en la mente y de forma caótica; trabajar en bloques, uniendo actividades similares, establecer prioridades, evitar distracciones, preestablecer dentro de la jornada los momentos de descanso; identificar cuáles son los momentos al día de mayor concentración y productividad, para un reparto coherente de las actividades a realizar, (dejar para los momentos de menor capacidad de concentración y atención, actividades más mecánicas o monótonas), etc.

Conclusión

El trabajo en sí mismo no es ni malo, ni bueno. Adquirirá estos atributos, según cómo cada trabajador lo perciba y se perciba a sí mismo en su relación con él.

El estrés, tampoco es malo en sí mismo, es una respuesta normal y esperable en una mente y cuerpo sanos. Será motivo de preocupación que el estrés se convierta en una constante, no vinculado a un hecho concreto y acotado en el tiempo.

Un estrés excesivo y constante es altamente perjudicial.

Cada puesto laboral o trabajo presenta pros y contras por lo general y en lo que refiere al estrés laboral, en cada sector se manifiestan por un lado factores estresores comunes y por otro lado, factores particulares, propios de esa actividad laboral en concreto.

Así es que, como hemos analizado anteriormente, no se perciben los mismos problemas al ser docente, que al ser policía o freelancers, y a su vez, cada persona interpreta de forma individual las condiciones de su trabajo, pudiendo éstas constituirse en algunos trabajadores como causas de estrés laboral y en otros trabajadores no representar ningún tipo de malestar o perjuicio.

Resulta de vital importancia tomar conciencia de cómo es nuestra relación con el trabajo, para detener o evitar a tiempo consecuencias sumamente negativas del estrés laboral: problemas físicos, psicológicos, emocionales, sociales, cognitivos.

Bibliografía consultada

Gancedo, Melina. (2020) *"Ser y Vivir a Conciencia. Mindfulness + Psicología (y un modo posible de tratar adicciones)"* https://www.amazon.com/dp/B08BK8XM3D

https://www.health.harvard.edu/mind-and-mood/relaxation-techniques-breath-control-helps-quell-errant-stress-response

https://www.who.int/dietphysicalactivity/pa/es/

Sobre la autora

Melina Gancedo es Licenciada en Psicología y especialista en adicciones.

Egresada de la Universidad Nacional de La Plata, se ha desempeñado como psicóloga en A.D.A.R. servicio especializado en adicciones de Caritas La Plata y en la Comunidad Terapéutica Volver A Crear.

Brinda atención psicológica especializada en adicciones y desarrollo personal y dicta cursos virtuales de formación sobre adicciones y otros temas de Psicología.

Es autora de libros como:

"De Adicciones, Sustancias y Personas". RV Ediciones. (2018)

"Vivir después del dolor". RV Ediciones. (2020)

"Ser y Vivir a Conciencia. Mindfulness + Psicología (y un modo posible de tratar adicciones)"

"Violencia de Género: 5 claves para identificarla"

"Tabaquismo: primeros pasos para dejar de fumar tabaco"

"Orientación Vocacional: Elegir a conciencia. Mucho más que elegir una profesión"

"Una adicción en la familia"

"Los otros objetos de la adicción. Acerca de cómo nos afecta la dependencia emocional"

"Entender las adicciones"

"Ludopatía, un juego que no es juego"

Además colabora con artículos sobre adicciones y otros temas de psicología en revistas locales de la Ciudad de La Plata y sitios web.

Coautora del libro "Violencia y Maltrato" y compiladora del libro "Teoría y clínica en el tratamiento de las Adicciones" (2019; Ricardo Vergara Ediciones).

Mail: gmelit@gmail.com

www.ingramcontent.com/pod-product-compliance
Lightning Source LLC
Chambersburg PA
CBHW070139260726
48658CB00001B/493